JN242073

涙の夜　喜びの朝

受難・復活・聖霊降臨

日本キリスト教団出版局 編

日本キリスト教団出版局

「受難・復活・聖霊降臨」を覚える

キリスト教のカレンダーとも言える教会暦では、毎年冬の終わり頃から春にかけて重要な期節が続きます。

「灰の水曜日」「受難節（レント）」、そしてイエス・キリストの十字架の苦しみを覚える「受難週」「受難日」、復活を祝う「復活日（イースター）」、そして聖霊が降った「聖霊降臨日（ペンテコステ）」などです。いずれも信仰生活の根幹をなすものです。本書は、それらの日々の祈りと黙想を導くために企画されたもので、日本キリスト教団出版局発行の月刊誌『信徒の友』に掲載された記事より精選したものです。

すぐれた祈りの言葉とみ言葉の説き明かしは私たちの信仰を深め、豊かにしてくれます。本書を通してその恵みが豊かに与えられることを願っています。

受　難

復　活——その朝

復　活——私たちの希望

聖霊降臨

本書の聖書引用は『聖書　新共同訳』に基づいています。

受難

神さま
受難節の日々 十字架へと進む主イエスのお姿を
しっかりと こころに刻ませてください
あのキレネ人シモンのように
わたしたちも 主イエスの背を見ながら
十字架を負って後に従います

神さま
わたしたちの前方には これからも困難があります
病もあり 死も墓も見えます
でも それらを突き抜けて進まれる主イエスに
復活のいのちにまで ついて行きます

神さま
負いきれない重荷を抱えている人がいます

どうぞ その痛みを和らげてください
祈りに覚え合い 声を掛け合って
主イエスに 一緒について行かせてください

渡辺　正男

すべてをご存じの神さま
この世界には苦しみや悲しみが満ちて
「なぜ」という叫びがあふれています

苦難の歴史を生きた旧約聖書の人々も
「なぜ」としばしば深刻に叫んできました
私たちも苦しみや災いに遭うとき
神の怒りではないかと余計に苦しむのです

しかし正しい人ヨブでさえ苦しみぬきました
それどころでなく何の罪もない主イエスが
十字架の上でこの世のすべての罪のために
苦しみと痛みの極みを経験されたとき
「なぜわたしをお見捨てになったのですか」と
悲痛な絶望の叫び声をあげられました

私たちの苦しみに先立って世界と人類のため
主は苦しんでおられたのです

共にいてくださる神さま
主イエスの十字架を見上げるときに
あなたは私たちを懲らしめるためではなく
愛するために苦しんでおられることを知りました
私の心が震え　私の身が縮む思いの中で
あなたの愛が私の魂の喜びとなり
あなたの慰めが私の心の楽しみとなりました

聖霊によって信仰と希望の力で満たしてください
苦しみに耐え忍んで永遠の春を待ち望み
主の栄光を賛美しつつ歩ませてください

山崎　英穂

父なる神さま。
厳冬のこの季節
私たちの心も氷のように固く
閉ざされてしまいがちです。
しかし、今、日々長さを増す日のように臨む
御光をもって、頑な心を溶かしてください。

銀貨30枚のために裏切り
命惜しさのゆえに否認した弟子同様の
私たちでありました。
真の富、真の命とは何か
すぐわからなくなってしまいます。

しかし、御子はそのような
私たちに代わって十字架につけられ

そこで、両手を大きく広げ
なお憐(あわ)れみの内に招いてくださいます。

どうか今、すべてを捨て、主の胸に飛び込む
幼子のごとき柔らかな心を与えてください。
そこだけが唯一の富、命の場であることを
よくわきまえ知る者とならせてください。

神に抱かれる温(ぬく)もりに励まされ
私たちも自分の十字架を負って
主の道行きの一つ一つを辿(たど)る信従の人生を
今日から、歩み始めることができますように。

山本　裕司

神さま、「彼は軽蔑され、人々に見捨てられ……
屠り場に引かれる小羊のように……口を開かなかった」
と旧約の預言者が語ったとおりのお姿で
イエスさまは十字架にかかられました。

人々をいやし、慰め、養い、生かし続けて来られた方が、
人々からののしられ、唾を吐きかけられ、
嘲けられつつ、黙って十字架につかれました。
罪なき方が十字架に釘づけにされ、
すさまじい苦痛とたたかいながら息を引き取られました。
神さま、この方の十字架の死が私の罪の贖いである、
とは本当ですか。
自己中心的で罪だらけの私でも赦されるのですか。

「父よ、彼らをお赦しください」という

イエスさまの十字架上の祈りが心を揺さぶります。
私のような者も主に祈られている、
何とありがたいことでしょう。

神さま、「多くの人の過ちを担い　背いた者のために
執り成しをしたのは　この人であった」という
御言葉を信じます。

木下　宣世

深き淵より

一同がゲツセマネという所に来ると……イエスはひどく恐れてもだえ始め……少し進んで行って地面にひれ伏し、できることなら、この苦しみの時が自分から過ぎ去るようにと祈り、こう言われた。

「アッバ、父よ、あなたは何でもおできになります。この杯をわたしから取りのけてください。しかし、わたしが願うことではなく、御心に適うことが行われますように。」

（マルコ14・32〜36）

レント（受難節）に入ります。主イエスが苦しみを受けて十字架にかかられた出来事を心に刻み、それがわたしたちの罪を清める尊い御業であることを思い、罪を懺悔し、救われた恵みを感謝します。

わたしは特にゲツセマネの園で祈るイエスの御姿に接するたびに、滅びの底に沈んでいるわたしたちと共におられるキリストに触れる思いがします。ここでイエスはその御生涯で初めて、父なる神との交わりを断たれ、文字通り虚無の深淵につき落とされ、ショックと恐れに襲われるという経験をされました。そして、「地面にひれ伏し」祈られたのです。

当時の人は普通、祈るときには身を起こして天を仰ぎました。ところがイエスは、ここではその体を支えることができず、大地に叩きつけられたように伏して祈ったのです。

これまでは、「アッバ、父よ」と呼ぶと、打てば響くように父なる神が応えてくださるという深い交わりの内に置かれていました。

受難　メッセージ

それが今回は、奈落の底に転げ落ちるような自分を支えるその神の手がないのです。なんと深い深淵でしょうか。しかし実にイエスはそこでさえも、なお神を信頼し、「御心」を求めたのでした。

事実、このとき父なる神はイエスと共に、滅びるべき人間のどん底にくだり、わたしたちと連帯し、わたしたちに代わって滅びと死の力を砕かれたのでした。それが明らかになったのが復活でした。

わたしが新潟の教会に赴任して迎えた最初の受難週に、祈祷会でゲツセマネの記事を丁寧に学びました。そこに「求道者の長老」だと自称する壮年求道者が出席していました。彼はゲツセマネで苦しむその主イエスの御姿に触れて長年の曖昧（あいまい）さを砕かれ、やがて洗礼に導かれました。

大宮　溥

イエスの執(と)り成(な)しの祈り

「シモン、シモン、サタンはあなたがたを、小麦のようにふるいにかけることを神に願って聞き入れられた。しかし、わたしはあなたのために、信仰が無くならないように祈った。だから、あなたは立ち直ったら、兄弟たちを力づけてやりなさい。」

（ルカ22・31〜32）

このみ言葉は、イエスがペトロの離反を予告するところから逮捕されるまでのくだり（ルカ22・31〜62）の冒頭部分にあり、受難節によく読まれる箇所です。ここには十二使徒の一人に選ばれたペトロが、人間は強そうで弱く、賢そうで実は愚かであり、しかもいかに罪深いものであるかを痛切に知らされたつらい経験があります。それと同時に、その弱く罪深いペトロをお見捨てにならず、その罪を赦し、救ってくださるために真剣に執り成しの祈りをささげられた主イエス・キリストの慈しみ深い愛が語られているのです。

真正直なペトロは「主よ、御一緒になら、牢に入っても死んでもよいと覚悟しております」と言い切っています。それは偽りのない彼の気持ちだったでしょう。けれども実際は、ゲツセマネの園では「起きて祈っていなさい」との主のご期待に応えられずに眠りこけてしまったし、主イエスが裁かれようとしている大祭司の屋敷の中庭では、女中の一人から「お前もあの連中の仲間だ」と言われて、「いや、そうではない」と主の弟子であることを否定してしまったのです。それも三度までも……。

するとと主は振り向いてペトロを見つめられたのです。彼は「三度わたしを知らないと言うだろう」と予告された主の言葉を思い出し、自分の弱さ、罪深さを思い知らされ、さめざめと人目を忍んで泣くのです。けれども、ペトロはもうひとつの主の言葉を思い出したのではないでしょうか。それが右に挙げた31～32節の主の執り成しの祈りのみ言葉です。

わたしはこの箇所を読むたびに、自分のような弱く、罪深い者に注ぎたもう主の執り成しの祈りと支えのみ手を覚え、目頭が熱くなるのです。そして、牧師として主にある友のために祈り、支えとなるよう努めようとの思いに、あらためて導かれるのです。

内藤　留幸

主イエスの祈りに支えられて

しかし、わたしはあなたのために、信仰が無くならないように祈った。だから、あなたは立ち直ったら、兄弟たちを力づけてやりなさい。」

（ルカ22・32）

ペトロは自信満々でした。他の人はともかく、自分は死んでもイエスについていけると思っていたからです。ところが、イエスはそんな彼に言われたのです。「あなたは今日、鶏が鳴くまでに、三度私を知らないと言うだろう」と。自分を信じてくださらないイエスに対して、彼は憤りさえ覚えたかもしれません。

けれど、悲しいかな、その予言は現実のものになってしまいました。ゲツセマネの園で祈った直後、イスカリオテのユダの手引きでユダヤ当局者たちが、暗闇に紛れてイエスを逮捕しにやってきました。ペトロは最初のうちこそ勇猛果敢に戦いました。でも、多勢に無勢。アッという間に不利な形勢になってしまい、弟子たちは蜘蛛の子を散らすようにイエスを見捨てて逃げ出しました。

そんな中、ペトロはさすがに敬愛するイエスがどうなるのか、その場を去りがたく、あとをつけていきました。敵陣の真っ直中、大祭司の家の中庭まで潜入したのです。なるべく顔を見られないように、目立たぬように、うつむいて身を縮めていたことでしょう。でも、イエスの仲間ではないかと三度も見咎められてしまいました。そのたびにかれは全面否定したのです。三度目に打ち消したとき、突然鶏の鳴き声がしました。朝が来たのです。その時「あなたは今日、鶏が鳴くまでに、三度私を知らないと言うだろう」とのイエスの声が甦ってきました。

これはペトロにとって人生最大の汚点に違いありません。消せるものなら、思い出の中から消し去りたかったに違いありません。でも……。四つの福音書すべてにこの出来事は記されています。誰が彼の秘密を明るみに出したのでしょうか。彼が打ち消した相手は三人別々の人です。だから、彼が三度もイエスを否んだことを知っているのはイエスとペトロだけです。そうです。このことを人々に語り聞かせたのは他ならぬペトロ本人なのです。

あの時、ペトロが他の弟子たちと一緒に逃げていれば、イエスを三度「知らない」と言うこともなかったでしょう。何もしなければ失敗もしません。でも失敗自体は悪いことではありません。問題は失敗した後、どうするかなのではないでしょうか。主イエスは「ペトロが私を裏切らないように……」と祈ることもできました。けれど主は「失敗しても信仰がなくならないように」と彼のために祈り、「立ち直ったら兄弟たちを励ましなさい」と言われました。誰でも失敗や挫折を経験します。問題は起き上がれないままでいるのか、それともまた立ち上がれるかどうかなのです。私たちのために、主は「祈った」と言われます。その祈りに支えられ、私たちはまた立ち上がる力を得るのです。そして大胆に働くのです。

ペトロはこの失敗を通して自分の小ささと神の大きさを知りました。彼は主を証しするために、自分の失敗をも大胆に語る者とされたのです。その時、人生最大の汚点は、主を証しする最大の道具となりました。主のこの祈りは私たちのためでもあります。その祈りに支えられ、私たちは今を生きるのです。失敗を恐れず、主の祈りを信じて大胆に生きる者でありたいものです。その中で兄弟たちを力づける者へと変えられたいと願います。

篠浦　千史

弟子たちは皆、イエスを見捨てて逃げ去った

このとき、弟子たちは皆、
イエスを見捨てて逃げてしまった。

（マタイ26・56）

主イエスの受難物語を読んでいて、びっくりすることがあります。このマタイの記事がそうです。イエスがゲツセマネで捕らえられた時、「弟子たちは皆、イエスを見捨てて逃げてしまった」のは、

本当なのでしょうか。あまりにも格好悪い記事で、消してしまいたいぐらいです。

おもしろいことに、聖書を写し取ってきた歴史の中で、やはり同じように感じた人たちがいました。ある写本では、イエスの弟子たちは、ガリラヤ地方へ逃げ去ったと書きましたし、またこの個所を削除してしまった写本もあります。もっとおもしろいのは、弟子たちは皆イエスを見捨てて逃げたけれども、それはそんなに遠くではなくて、ゲツセマネのすぐ上のエルサレムの神殿に逃げ込んだというものさえあります。どれも、この記事の格好悪さを打ち消そうと、涙ぐましい努力をしていますね。

でも聖書は、この個所をそのままで、今日まで伝えてきました。これは、すばらしいことです。私たちも、これら弟子たちと一緒に、幾度も幾度も、「主を見捨てて、逃げ去る」のです。そのことを臆面(おくめん)もなく、告げています。

現代人は、何に逃げ込むのでしょう。生き甲斐(がい)としての仕事や家庭、あるいは人生の目的としての豊かさや遊びかもしれません。どこかに逃げ込んで、安心したいのです。ひょっとしたら、キリストを信じる人たちは、教会の中に逃げ込んでいるかもしれません。主の十字架の出来事によって示された永遠の神の恵みに、直接受け入れられている実感なしに、教会の行事や制度に逃げ込んでしまっているかもしれません。

「弟子たちは皆、イエスを見捨てて逃げ去った」現実は、私たちにとって、受け入れにくいのですが、事実です。私たちは、いつも、主を見捨てて逃げ去るのです。でも聖書は、私たちがどこへ逃げても、そこで永遠の神のいつくしみにつつみこまれていると伝えています。いつ、どこでも神に立ち返ることができるのです。旧約聖書で「悔い改め」と訳されているヘブライ語の単語には、「帰る」「立ち返る」という意味があります。

J・S・バッハは、《マタイ受難曲》の第一部を、この「弟子たちは皆、イエスを見捨てて逃げ去った」と歌い、「おお人よ、あなたの罪の大いなるを泣け」というコラールで締めくくっています。そして第二部で主の死を歌い、そこに「こころのいこいの場」が与えられると歌って、終えています。

パウロは、「神は……あなたがたを耐えられないような試練に遭わせることはなさらず、試練と共に、それに耐えられるよう、逃れる道をも備え」られる（Ⅰコリント10・13）と述べ、さらにだれにも一人一人別々の恵みの賜物が与えられている（同12・4参照）と主張しました。主を見捨てて逃げ去る弱さをもつ私たちですが、そこに神の豊かな恵みの賜物が備えられています。

茂　洋

主イエスの死

イエスは大声で叫ばれた。
「父よ、わたしの霊を御手にゆだねます。」
こう言って息を引き取られた。

（ルカ23・46）

私たちの救い主イエス・キリストは、十字架上で、「七つの言葉」を発せられました。福音書に記録されているものに順番を推測して並べると、次のようになります。

①〈父よ、彼らをお赦しください。自分が何をしているのか知らないのです〉（ルカ23・34）。

②〈はっきり言っておくが、あなたは今日わたしと一緒に楽園にいる〉（ルカ23・43）。

③〈イエスは、……母に、「婦人よ、御覧なさい。あなたの子です」と言われた。それから弟子に言われた。「見なさい。あなたの母です。」〉（ヨハネ19・26、27）。

④〈エロイ、エロイ、レマ、サバクタニ〉（マルコ15・34、マタイ27・46）。

⑤〈渇く〉（ヨハネ19・28）。

⑥〈成し遂げられた〉（ヨハネ19・30）。

そして、今回取りあげたものが最後の七つ目です。

主イエスは息を引き取る前に、大声で「成し遂げられた」と叫ばれ、それから「父よ、わたしの霊を御手にゆだねます」と言われたと思われます。大声を出されたことは、マタイ、マルコの両福音書にも記されています。「成し遂げられた」とは、ご自分の使命が達成されたとの確信の表明であり、言わば「勝利宣言」と言ってよいでしょう。その上で、主イエスはご自分の霊を父なる神に委ねられたのです。

敬虔なユダヤ人の就寝の祈りとされていたものに、詩編第31編6節があります。〈まことの神、主よ、御手にわたしの霊をゆだねます。わたしを贖(あがな)ってください〉。眠りは、死の一段階と考え、朝ごとに新たに命を受けることを祈るのです。その際、同時に神の贖いが祈り求められます。神の赦しと祝福の下に、霊が与えられるのでなければ、意味がないからです。

「霊」は、私たち人間が創造された時、主なる神から与えられたと考えられます。〈主なる神は、土（アダマ）の塵(ちり)で人（アダム）を形づくり、その鼻に命の息を吹き入れられた。人はこうして生きる者となった〉（創世記2・7）、とあります。ここでの〈命の息を吹き入れられた〉を、命を与える神からの息吹（霊）を吹き入れられた、と理解することができるのです。

主イエスは、ご自身死にゆく者として、ご自分の霊を父なる神に委ねられました。この主イエスの祈りは、キリスト者の臨終の祈りとされるようになり、宗教改革者のマルティン・ルターも、この祈りを捧げて死んだと伝えられております。

私たちは、誰もが神がお決めくださったその時に、最期を迎えます。しかしその時、私たちは確信をもって、平安のうちに、「父なる神さま、私の霊をあなたのみ手に委ねます」と祈ることができます。それは、「成し遂げられた」との勝利宣言をされた主イエスに、私たちが結ばれているからです。ハイデルベルク信仰問答の最初にあるように、私たちは、「わたしが、身も魂も、生きている時も、死ぬ時も、わたしのものではなく、わたしの真実なる救い主イエス・キリストのものであること」に、唯一の慰めを得ているのです。

倉橋　康夫

主の復活を信ずる者は叫ぶ

三時にイエスは大声で叫ばれた。「エロイ、エロイ、レマ、サバクタニ。」これは、「わが神、わが神、なぜわたしをお見捨てになったのですか」という意味である。
（マルコ15・34）

主イエス・キリストは十字架の上で七つの言葉を語ったと記録されています。その第四番目の言葉が「エロイ、エロイ、レマ、サバクタニ」という言葉です。それを福音書記者は「わが神、わが神、なぜわたしをお見捨てになったのですか」と翻訳しています。神のひとり子である主イエスが、父なる神に向かって「なぜ、わたしを見捨てたのか」と問うているのです。福音書は、最後の審判の時に現れる預言者エリヤを、主イエスが呼んでいるのだと、錯覚した人もいたと記しています。

しかし、そうではありません、主イエスは父なる神に捨てられたのです。それは主イエスにとっては悲惨な叫びでした。父なる神との深い信頼関係のうちに歩まれた主イエスにとって、「神が自分を捨てる」ということはあるはずもないことでした。「(おまえが神の子なら)十字架から降りて自分を救ってみろ」「それを見たら、信じてやろう」と、あざけり叫ぶ人々の声が飛びかうなかで、主イエスは「神さま、なぜわたしをお見捨てになったのですか」と叫んだのです。

主イエスの十字架を取り囲んでいた人々は、主イエスのこの言葉を聞いてみっともない最後のあがきと受け取ったでしょうし、二千年後の現代の多くの人々も、そう受け取るに違いありません。

　ではなぜ、福音書記者は十字架上の主イエスの、この言葉を残したのでしょうか。彼らは復活の主イエスに出会い、主の復活を信じたからです。主イエスのこの言葉の中に「人の罪を全身に引き受け、神の怒りを引き受けられた主、すなわち贖罪の主」を知ることができたからです。それゆえに、神のひとり子、主イエス・キリストの十字架は神を利用し、神をあざける人間に対する神の怒りと、同時にそのような罪人に対する神の愛が示されているのです。

　私たちは今、神を信じないことが常識になっている時代に生きています。神は人間に役立ってこそ、神としての存在意義があるのです。「困った時の神頼み」ですし、万事休した時に「祈るしかない」相手が神なのですから。「僕は神など信じていないよ。君は本当に信じているの？」と問い返される社会に生きています。大切なのは金と物であり、頼りになるのは医療技術と人脈であり、人間の愛情と信頼関係を作るには宗教もあってもよいと考えている人々に取り囲まれています。さらに、キリスト者でなくても、世のため人々のために無償の愛に生きている人々がいます。私たちは無力です。そのような世界のただなかで私たちも叫ばざるをえません。「神さま、どうして私たちをお見捨てになるのですか」と。この叫びは、十字架の主を甦(よみがえ)らせた方を神として信じる私たちにとっては、絶望の叫びではありません。神への信頼の叫びです。

わたしの魂は主を待ち望みます（詩編130編）

長津　栄

復活

──その朝

天の父なる神さま
主イエスが捕らえられるとき
弟子たちは　主を見捨てて逃げました
ペトロは　大事なときに「そんな人は知らない」と
主イエスとの関わりを否み　身を守りました

神さま
その歯がゆい弟子たちを　復活の主イエス・キリストは
「わたしの兄弟たち」と呼び「特にペトロに」と名指しして
お招きになり　受容し　そしてお用いになりました

神さま
復活の主は　弟子たち以上に不甲斐ないわたしにも
「わたしの兄弟」と声を掛けて　温かく招いてくださる
ありがとうございます

その御愛に堅く立ち　望み新たに歩ませてください

渡辺　正男

よみがえられた主イエスよ、
聖書を読むと、復活されたあなたが弟子たちを訪ねて、
ご自身を現してくださったことがわかります。
そのことを思うと、心が喜びに満たされてゆきます。

弟子たちは師を裏切り、つまずきました。
恐れにとらわれ、望みを失いました。
中には故郷にかえり、ガリラヤ湖で、
漁に出て行った者たちもおりました。
そんな彼らに、主よ、あなたのほうから訪ねてくださる。
なんとありがたいことでしょう。
弟子たちがあなたを見失っても、
あなたが彼らを見失うことは決してありません。
弟子たちは、あなたのまなざしの中にあり
あなたに赦され、愛されているからです。

弟子たちは、あなたが死者の中から復活されたと
　信じました。
そうであるならば、主よ、
わたしにもあなたが訪れ、復活の信仰を新たに、
また、確かにしてくださると信じます。
そして、教会を立ち上がらせてくださると信じます。

春名　康範

天の父なる神さま
復活の主イエスに招かれた弟子たちの中に
「疑う者もいた」と 福音書は記しています
主を見捨てて逃げ出したような自分が
　招かれるはずはない と思ったのでしょうか

神さま
わたしたちも 招かれるにふさわしいとは
　思っていません　でもあなたは
　ふさわしくない者を赦して 受け容れて
　そして希望を与えてくださいます
ありがとうございます

神さま
イースターの礼拝において

一同で高笑いをする教会があった と聞きます
わたしたちも 罪と死に勝利した主に
こころの底からの感謝と賛美をささげ
新しい人として 新年度 前に向かわせてください

渡辺　正男

復活――その朝　祈り

命の源であられる神さま
新しい命が芽吹く季節を　感謝いたします

十字架に死なれた主イエス・キリストを
あなたは墓からよみがえらせてくださり
わたしたちはゆるされた者として
　永遠の命の希望を与えられました
それなのに　復活の主に出会ったときの弟子たちのように
うろたえ　おののき　疑うことが何と多いか
的はずれな方向に心を向けることが何と多いか
主なる神さま　どうぞ憐れんでください

主イエスがエマオに向かう2人の弟子たちと
　共に歩かれたとき
2人は御言葉に耳を傾け　心を燃やしました

主はいつもわたしたちと共に歩み
いつも語りかけてくださいます
よく聴いて　信じ　主に従って進む者にしてください

そして　弟子たちを世界に遣わされたように
わたしたち一人ひとりにも
ふさわしい使命を与えてください
小さなわざであっても
忠実に行う者になることを　心から願います

丹治めぐみ

マリアは二度振り向いた

こう言いながら後ろを振り向くと、イエスの立っておられるのが見えた。しかし、それがイエスだとは分からなかった。

（ヨハネ20・14）

マグダラのマリアは悲しんでいました。イエスが十字架上で死んでしまったからです。悲しみの中でせめてその亡骸（なきがら）に香油を塗って死を悼（いた）もうと、安息日が明けるのを待ちかねて、早朝墓に行きました。ところが、肝心の遺体がどこにもありません。弟子たちと一緒にもう一度確かめましたが、やはりありません。彼女は途方に暮れて墓の外に立って泣いていました。でも、この事実を受け入れられず、泣きながら墓の中を見ますと、イエスの遺体のあった場所に天使がいて「婦人よ、なぜ泣いているのか」と尋ねるのです。彼女は「わたしの主が取り去られました……」と答えながら後ろを振り向きました。

するとそこにイエスがおられました。でもそれがイエスだとはわかりません。彼女は墓の中にイエスを捜していたからです。だから墓の外に立っているのは園丁だろうと思ったのです。その人はマリアに「婦人よ、なぜ泣いているのか。誰を捜しているのか」と天使と同じように聞きました。彼女はもう一度「あなたがあの方を運び去ったのでしたら、どこに置いたのか教えてください」と答えています。そんな彼女にその人は、今度は「マリア」と名前で呼ばれました。その時マリアはもう一度振り向きました。そしてその方が誰だかわかったのです。

マグダラのマリアはここで二度「振り向いて」います。彼女は二度、一八〇度の方向転換をしているのです。一度目は遺体のあった所に目を向けていてイエスに後ろから呼ばれた時、二度目は再び墓に目を向けていて再度イエスに名前を呼ばれた時です。

過去に縛（しば）られ一歩も動けなくなっていたマリアが目を転じて前を向きます。私たちが主イエスを知る前から主は私たちを知り、心にかけてくださいました。でも私たちはなかなかそれに気づきません。自分の勝手な思い込みや見たいものしか見ようとしない傲慢（ごうまん）さのゆえです。

そんな私たちは主を受け入れるために、方向転換する必要があるのです。今までと違った角度から見る時、今まで知らなかった世界がそこに広がっています。それまで見ていた方角とまったく違う方角に目を向けた時、彼女は自分の名前を、その存在を呼んでおられるのがイエスだと、今まで自分が捜し求めていた方だと気づくのです。しかも実際のイエスは、彼女が予想した姿よりも遥かに生き生きとそこにおられます。

彼女は死人の中にイエスを捜しました。けれど、主は墓の中ではなく、甦(よみがえ)られて生きて墓の外におられ、主の方から声をかけてくださいました。今までと違った角度で物事を見直す時、これまで自分を縛っていたあらゆるもの、偏見や思い込みから自由になるのです。自分の望んだ答えではなく、本当に見なければならないものが見えてくるのです。

その視線の先には主イエスがおられます。けれど、マリアがそうであったように、見るには見てもすぐにはそれがイエスだと認められないかもしれません。呼ばれながらももう一度過去を、未練がましく後ろを振り返る私がいるからです。そんな私たちの名前を主は呼んでくださるのです。そして私たちは復活の主にお会いするのです。

恐ろしかったからである

婦人たちは墓を出て逃げ去った。
震え上がり、正気を失っていた。
そして、だれにも何も言わなかった。
恐ろしかったからである。

（マルコ16・8）

いちばん初めに書かれた福音書は、このマルコによる福音書ですね。でもこの福音書は、とても奇妙な終わり方をしています。
安息日が終わり、週の初めの日（日曜日）の朝早く、マグダラのマリア、ヤコブの母マリアとサロメの三人の女性が、十字架で亡くなったイエスを納めた墓へ出かけました。遺体に油を塗るためでした。

彼女たちの心配は、あの墓の入り口をふさいだ大きな石をどのようにして取り除くことができるかでした。でも行ってみたら、石はわきに転がされていて、墓はからでした。その上白い衣を着た若者から、イエスはよみがえられ、ここにはおられないと言われて、彼女たちはそこから逃げ出したのです。恐ろしかったからだ、これでこの福音書の原文はおしまいです。どうしてこのような終わり方をしているのでしょうか。

この著者は、この書物にはじめて「福音」（永遠の神からのすばらしいしらせ）と名づけました。主イエスの生涯は、神からのすばらしいしらせとして、書かれました。

そこで、この福音書を重要な資料として、後に書かれた主の生涯についての書物は、それぞれ「ルカによる福音書」「マタイによる福音書」「ヨハネによる福音書」と名づけられるようになりました。

それだけではありません。この「福音書」は当時の共通ギリシア語で書かれていますが、その頃の識字率はわずか一〇パーセント台だったと言われていますので、この「福音書」は、読むためではなく、語るために書かれたと考えられます。

たしかにこの「福音書」を、読むのではなくて、聞いていると、とても聞きやすいのです。主イエスのいきいきした歩み、そして主によって生かされた一人一人のいぶきが感じられます。そのリズムのために、主イエスの歩まれた場所や順序が少々間違っていたり、不明瞭であっても、聞いているときには気になりません。主がわたしとともにおられる、神がわたしとともにおられるという実感に覆われているからです。

するとこの「福音書」は、主イエスの十字架の出来事によって、永遠の神のいつくしみに包まれている人たちに語られていることになります。

ですから、この「福音書」の最後は、からになった墓を語るだけで十分だったのでしょう。その主イエスは、あなたの中に生きておられますね、だからこの墓はからになっているのですよ、と語って終わっているのです。

わたしたちのいのちは、終わりをかならず迎えます。墓で終わるのです。しかしこの限りあるいのちの中に、主とともに、墓で終わらないいいのちがしみわたっているのです。

平和で飢えることなく生きる目的をもって

「あなたがたに平和があるように」（ヨハネ20・19）

「そうすればとれるはずだ」「さあ、来て、朝の食事をしなさい」（同21・6、12）

「わたしの羊を飼いなさい」（同21・17）

右掲の言葉は、いずれも復活のイエスが弟子たちに語られたものです。

「平和があるように」というのは、復活されたイエスさまからかけられた声でした。弟子たちは十字架につけられた主イエスを見捨てて逃げてしまったので、「どの面下げて、イエスさまに会えるのか」と思っていたのに、「安らかにしていてよいのだよ」と言われたのです。その赦しの宣言によって、弟子たちの心の内は平安に満たされたことでしょう。

次に発せられたイエスさまの声は、夜通しの漁をしても何らの収穫がなかった弟子たちに語られたものです。「舟の右に網を打ちなさい」との指示に従えば得るものはあるという教示と、その結果大漁を得た弟子たちに対する朝食への招きでした。こうして、弟子たちは心の安らぎに続いて体の空腹も満たされたのでした。

そのあと、イエスさまは「わたしの羊を飼いなさい」と言われました。それは、主の死後、生きる目標を失っていた弟子たちに対して語られたものです。命をかけた働きを継承するようにとの切実な願いの言葉であり、弟子たちに与えられた使命でありました。そし

復活—その朝　メッセージ

篠田　潔

て、この使命が喚起されたことから、世界の人々を一つにつなぐ世界宣教の働きが進められることになったのでした。

さて、わたくしには復活されたイエスの上記の三つの言葉は、世界の主としてのイエスの宣言であり、そこに主の働きが端的にあらわれているように思えます。その第一は、〝平和の担い手〟です。第二は、〝食料確保の担い手〟であること。第三に、〝生きる指針や使命を喚起する担い手〟であることです。

それは今日、世界平和実現、飢餓解消、生存の意義目的をわたくしたちにあらためて見いださせ、政治・経済・教育の十全な働きが促されるようにとのことであると思います。復活の主に、ハレルヤ！

主の復活

どんな言葉でわたしが福音を告げ知らせたか、
しっかり覚えていれば、
あなたがたはこの福音によって救われます。

（Ⅰコリント15・2）

コリントの教会の信徒に宛てたこの手紙で、パウロは、〈兄弟たち、わたしがあなたがたに告げ知らせた福音を、ここでもう一度知らせます〉（15・1）、と言って、福音について念を押すかのように、語り始めます。そこで、〈どんな言葉でわたしが福音を告げ知らせたか〉、をはっきりさせておく、と言うのです。どんな言い方で、というのではなく、「どんな言葉」（単数形）で告げたか、と言います。「福音」は、たくさんあるのではなく、ただ一つです。それは、主イエス・キリストによる救いのことです。

ところで、そのようにして語り始めたパウロは、その福音を、〈すなわち、キリストが、聖書に書いてあるとおりわたしたちの罪のために死んだこと、葬られたこと、また、聖書に書いてあるとおり三日目に復活したこと、ケファに現れ、その後十二人に現れたことです〉（同3～5節）、と言います。これは要するに、「主の十字架の死と復活」のことを指している、と言ってよいでしょう。

多くの言葉を用いて、コリントの信徒に福音を語ったにもかかわらず、パウロはそれを一つの言葉で告げ知らせた、と言うのです。それは、ここで語られていることが、一つのことだからです。つまり、復活抜きの十字架だったり、十字架抜きの復活だったりすることはないということです。両者は切り離し難く結びついており、そこに神の救いのみ業があるからです。

「主の復活」がなかったなら、十字架による救いも宙に浮いたままであり、また主イエスが人となってくださったことも意味を持たなかったでしょう。ですから、私たちは、主イエス・キリストの十字架の出来事を思い起こす時も、「主の復活」の事実を併せて思い起こすのです。そして、主イエスのご降誕を記念し、祝うクリスマスの時も、主の十字架の死と復活の出来事を深く心に刻むことを忘れることはありません。「主の復活」。正にそれは、キリスト教信仰の出発点であり、基礎である、と言うことができます。最初の頃、キリスト教徒たちの最も単純な宣教の言葉は、「イエスは復活された」であった、と言われるのです。

パウロは言います。〈しっかり覚えていれば、あなたがたはこの福音によって救われます〉、と。主の福音にしっかり結びついていれば、〈救われます〉。主の救いは、既に私たちに与えられたもの\であると同時に、常に現在形であり進行形です。「覚えている」とは、知識として持っていることではなく、日々の生活において堅く結びついて離れないことを意味します。私たちは、何よりも主の日の礼拝において主の福音を確認し新たに救いを体験して、日々の歩みへと送り出されます。救いの体験は一度限りのことではなく、深められていくものです。このようにして、私たちは福音に堅く結ばれて、日々新たに救いを体験する歩みに招き入れられているのです。

倉橋　康夫

復活

——私たちの希望

神さま
寒さが残る日々にあって
すでに蕾(つぼみ)膨らみ、木々芽吹き
緑滴(したた)る季節は近いと、
自然は私たちに告げています。

しかし、私たちの身体は、心は温(ぬく)もりません。
年を重ね、身体は衰え、
死の恐れに囚(とら)われること度々です。
若くとも悩み深く
春のざわめきが、心逆撫(さかな)ですること度々です。
この世界もまた年々歳々
愛よりも憎しみが、
建設より破壊が、命より死が
力を増し加えていくように思えます。

主よ、自然の変化では救われない私たちに
どうか今、あなたの暦を、
イースターの喜びを刻みつけてください。
ご復活の勝利の歌を、
老いも若きも一つとなって
心から賛美することができますように。
すべてが滅びの中に流れ落ちていくとき
その破れ口に立って、滅びの流れを
堰(せ)き止めてくださった復活の主の
救いの確かさで、私たちを満たしてください。

山本　裕司

神さま、「一度死んだ者がよみがえるはずはない」と
人々は言います。
しかし、福音書を読むと、よみがえられた主が
弟子たちの前にその姿を現された様子が
生き生きと描かれています。
この世の常識と聖書の告知の間で、
私の心は揺れ動きます。

でも神さま、私は聖書のみ言葉にすがりつきたいのです。
イエスさまの復活がなければ、
私の人生は空(むな)しく、無意味だからです。
暗い顔をしてエマオへの道を歩いた弟子たちのように、
私も目当てのない道を力なく辿(たど)り行くだけです。
どうぞ神さま、遮(さえぎ)られた私の目を
み手をもって開いてください。

復活の主のみ姿をはっきりと
この目に焼き付けさせてください。

その瞬間、私の心は燃え、
よみがえりの主の命に満たされ、
私の足は希望をもって、
力強く立ち上がることができるでしょう。

木下　宣世

復活——私たちの希望　祈り

神さま　いつの間にか冬枯れの寒々とした世界から
光の満ちあふれる季節へと移り変わっていました。
今その中でイースターを迎えようとしています。

かつて私は死を恐れていました。
愛する人の死、身近な人の死に嘆き悲しみ
やがて来る自分の死に怯(おび)えて生きてきました。

しかし主イエスが復活されたことにより
死はもはや恐れではなく、希望となりました。
死を超えた命、永遠のいのちに生きる喜びを知って。

神さま　主を復活させてくださったこと、感謝です。
どうぞ今なお死を恐れている多くの人々に
この喜びを伝えることができますように。

柳谷　明

甦（よみがえ）りの朝を待つ眠り

あなたはわたしの魂を陰府に渡すことなく
あなたの慈しみに生きる者に墓穴を見させず
命の道を教えてくださいます。
わたしは御顔を仰いで満ち足り、喜び祝い
右の御手から永遠の喜びをいただきます。
（詩編16・10〜11）

眠りについている者、起きよ。死者の中から立ち上がれ。そうすれば、キリストはあなたを照らされる。
（エフェソ5・14）

妻さゆりは、2014年8月23日、眠りに就くように静かに地上の生涯を終えました。メールで、ハイデルベルク大学で実践神学を教えている友人メラー教授に知らせました。まもなく返信がありました。

「愛する加藤さん、悲しい知らせです。あなたは『妻が土曜日、午前10時、眠りに就いた』と書いてこられました。舌(ぜつ)がん、そしてリンパ腺がんの長い病苦は終わりました。神が眠らせてくださいました。神がお定めになったとき、再びみ手に取られ、こう呼びかけてくださるためです。『起きなさい、さゆり、甦りの朝だよ！』と。……あなたに神の慰めがくだりますように。あなたの血を流すような苦しみを癒やしてくださるために、神の慰めが来てくださいますように」

今、あらためてここに引用しながらも涙ぐみます。すでに慰めを得ている者の涙です。

「永眠」は教会用語ではありません。キリスト者は永遠に眠ることはありません。私たちの眠りはすでに主によって呼び覚まされた者たちの眠りです。再び、起こしていただく日までの眠りです。「起きなさい。甦りの朝だよ！」と一人ひとりの名を呼んでくださる朝までの眠りです。詩編16編は、さゆりの最愛の詩編の一つです。そこでも「永遠の眠り」ではなく「永遠の喜び」をいただいています。

妻は、葬りの礼拝の後、火葬され、直ちに鎌倉雪ノ下教会墓地に納められました。私の手もとにさゆりのからだはありません。教会暦を重んじる教会では、11月を終末の望みのときとします。すでに地上を去った信仰の仲間を記念する集会を催す教会も多い月です。「聖なる公同の教会、聖徒の交はり、罪の赦し、身体（からだ）のよみがへり、永遠（とこしえ）の生命（いのち）を信ず」という信仰をともに言い表すときなのです。

加藤　常昭

復活信仰の深み

神は豊かな憐れみにより、
わたしたちを新たに生まれさせ、
死者の中からのイエス・キリストの復活によって、
生き生きとした希望を与え、……

（Ｉペトロ１・３）

かつて牧師をしていた教会に、Ｍさんという高齢の信仰深い信徒がいました。彼女の最晩年、生涯の終わりの日が近づいてきたある日、長女の方が訪ねてきて「先生、母が生きている間にどうしても教えてほしいことがあるというので、至急来ていただきたいのです」と言われました。

さっそく訪問すると、彼女は声を絞り出すようにして「先生、自分のような罪深い者でも本当に罪赦されて救われ、永遠の命をいただいて天国に入ることができるのでしょうか」と言ったのです。真剣なまなざしで私を見つめ、少しの曖昧さも許さない真の答えを求める訴えでした。私は身の引き締まる思いで、こう申しました。

「Mさん。私たちが信じている神さまは、どんなに罪深い者でもひとたび罪を悔い改めて救い主イエス・キリストを信じるなら、必ず罪を赦し救ってくださいます。神さまは死に勝利して主を復活させられた方ですから、信じる者すべてに永遠の命を与えて、天のみ国に招き入れてくださいます。生きる力が尽き、もう駄目だと思ったそのとき、生ける復活の主キリストが、この私を小脇に抱えるようにして、天国に連れていってくださるのです。私はそう信じています」

すると、彼女ははっきりした口調で「先生、ありがとうございます。私のような者でも、ただ復活の主を信じる信仰によって救われ、永遠のみ国へ入ることができるのですね。安心しました。ただただ感謝です」と言いました。彼女の顔からは厳しさが消え、穏やかで平安な顔になりました。

この出来事は生きる希望を与える〝復活信仰〟の深みに私の目を開かせてくれた、忘れ得ぬ経験です。

内藤　留幸

喜びの歌と共に朝が

ひととき、お怒りになっても
命を得させることを御旨としてくださる。
泣きながら夜を過ごす人にも
喜びの歌と共に朝を迎えさせてくださる。

（詩編30・6）

冷たい雨が降りしきる春の朝、ある教会で小さな葬儀が行われました。亡くなったのは教会の付属幼稚園の先生で、若くて明るい女性でした。自死だったと知らされ、参列者の心は重く暗いものになりました。私は神学生になったばかりで、自死に対する思いは定まっておらず、「彼女は救われるのだろうか?」と心の中で自分に問いかけていました。

式の最後にお父さんが挨拶に立ちました。隣町の教会の役員で、教会学校の校長も務めている方でした。

「娘の突然の死の衝撃に加え、信仰者でありながら神さまから与えられた命を自ら捨てた娘が今は暗く冷たい陰府で裁きを受けているのではと、苦悶の日々を過ごしてきました。次の日曜日はイースター。教会学校の校長として子どもたちに『イースター、おめでとう』と告げなければなりません。でも、あまりにもつらく苦しくて、主のご復活を祝う気持ちにはなれませんでした。しかし、今日の説教で、主は『わたしの魂を陰府に渡すことなく　あなたの慈しみに生きる者に墓穴を見させず　命の道を教えてくださいます』(詩編16・10~11)とのみ言葉を与えられました。娘も今はイエスさまの十字架の贖いによって主のご復活の命に招かれていると信じています。次の日曜日には『イースター、おめでとう。ハレルヤ!』と、子どもたちと共に主のご復活を心から祝います」

雨がやんだのか、やわらかな春の日差しが礼拝堂に広がりました。そして暗く重かった人々の心の中にも。「彼女は主の救いへと導かれている」、そのとき私は確信しました。

車が火葬場へ出発し始めたとき、「あっ、虹だ!」の声。見上げると青い空に虹が弧を描いていました。「神が『肉なるものをすべて滅ぼすことは決してない』とノアに約束された虹かも」と私。「また会う日まで、また会う日まで」(『讃美歌21』465番)の歌声と共に、彼女を乗せた車は虹に向かってゆっくりと進んでいきました。

上林順一郎

聖霊降臨

聖霊よ、来てください。
今あなたは私たちに「生きよ！」と語りかけてくださいます。
私たちを神に生かされ、愛されている一人ひとりとして
招いてくださいます。
ペンテコステのこの日、最初の弟子たちに与えられた聖霊を
ふたたび私たちの上に降（くだ）し、
聖霊の炎によって、
　私たちの心に温かさと愛をともしてください。

慰め主なる聖霊
悲しみや苦しみに打ちひしがれる日、
絶望やむなしさの虜（とりこ）となる日、
私たちに寄り添い、私たちを包み、守ってください。
愛することに挫折する私たちが
破れと弱さの中で、

祈りによってつながりあうことができますように。

賜物を与える聖霊
一人ひとりの人生が異なるように、
あなたはかけがえのない賜物を与えておられます。
人との比較で心疲れてしまう私たちです。
できないことを数え上げて打ちひしがれる時、
あなたが招かれた神の家族の中で生かしてください。

増田　琴

神さま
聖霊に導かれて　わたしも
イエスは主である　と信仰の告白をしました
天の父よ　と祈ることを学びました
礼拝において　御言葉に支えられています
ありがとうございます

神さま
それなのに　いまも不満や不安を抱えて
こころ穏やかになれません
聖霊の実を結ぶような　歩みになっていません

神さま
こころ低くして　窓を開けます
どうぞ　聖霊の風を送ってください

もう一度 祈ることを教えてください
不安や不満も あなたに委ねて
隣人を愛し 平和を祈る者にしてください

渡辺　正男

わたしたちの造り主であられる神さま
主の教会を各地に立て
あらゆる人を招いてくださっている恵みを　感謝いたします

教会につながるわたしたちが
心穏やかでいられない時にこそ
神さまの方に向き直って　みことばに聴き入り
聖霊の導きのもとに　祈ることができますように
互いに顔をあわせることが難しい時にこそ
みこころにかなった　主にある交わりを
知ることができますように

聖霊のはたらきで　教会を満たしてください
祈りの輪が　家庭に　地域に　世界に広げられ
生きることが困難だと感じる一人ひとりに

慰めと救いが行き渡りますように
小さな群れも　大きな群れも
主の憐れみによって
神の畑、神の建物として用いられ
大胆に　福音を語る者としてください

丹治めぐみ

聖霊の風をこの季節
私たちに豊かに送ってくださった
父なる神さま。

この恵みの中で
ふさぎ込み、閉じこもっていた
自分を思い出します。
かつての、淀んだ日々を。
人の冷たい仕打ちに
魂が凍りついた時もありました。
しかし今
聖霊によって私の口は開かれ
あなたをほめたたえます。
オルガンに風吹き入れられ
賛美が鳴り響き始めるように。

聖霊に背を押され
扉を開けて踏み出します。
風に帆膨らませた船が
ふと港を離れ旅立つように。
今、ペンテコステ、神さまの春一番
風が吹き、暖かさが運ばれ
厚いコートを脱ぎます。
これからも
すべての人に良い風が吹きますように。

山本　裕司

聖霊によってキリストを内に宿すとき

キリストと結ばれる人はだれでも、新しく創造された者なのです。古いものは過ぎ去り、新しいものが生じた。

（Ⅱコリント5・17）

聖霊降誕節は、最初の弟子たちが聖霊の働きを受けて、キリストを内に宿し、「新しい人間」として立ち上がったときでした。この日を迎えるとわたしは、Tさんのことを思い起こします。

この人は旧制高等女学校の生徒のころ、虚弱な体質で学校に通うことができず、自宅療養につとめ、週に何度か看護師さんの訪問を受けていました。この看護師さんが、普段は身体の看護にあたってくれていたのですが、ある日こう話してくれました。「自分はもとは日本ホーリネス教会の伝道師だったのですが、政府の命令で教会の解散を命じられ、伝道師の働きを禁じられました。それで、前に取得していた看護師の仕事をしています。でも、あなたの苦しみを見ていると、神さまの御助けが必要だと思います。ですから、ここに来たときは祈ってあげますから、このことはだれにも話さないで、わたしたち二人だけの秘密にしましょう」。そして、祈るたびにTさんには平安が与えられました。

終戦後結婚したTさんの家には、夫の両親がおり、子どもが幾人も与えられて、大家族になりました。Tさんは家事と育児に追われて忙しく暮らしているうちに、心身不調になり精神科に入院しました。退院のとき主治医から、「あなたの病気は環境が原因だったので、もとの環境に帰れば再発する。環境を変えなさい」と助言されました。そのとき彼女は、女学生時代に祈ってもらって自分を取り戻した経験を思い起こしました。そして、近くのキリスト教会に通うようになりました。

わたしがその教会に赴任したころ、Tさんは婦人会の仲間と共に、地域の育児や教育のボランティア活動に積極的に加わり、後には市の福祉活動のリーダーである「管理ボランティア」として活躍していました。

ご本人からこの歩みを聞かされて、聖霊によってキリストを内に宿すとき、「新しく創造された者」になることを、わたしは目の当たりにする思いがしました。

わたしたちは力を受ける

あなたがたの上に聖霊が降ると、
あなたがたは力を受ける。
そして、……地の果てに至るまで、
わたしの証人となる。

（使徒1・8）

「イギリスは女王陛下の国。その昔、女王陛下が帰港すると必ず無事の帰還を祝い祝砲を鳴らしたそうです。ある時その祝砲が鳴りませんでした。ただちに責任者が呼ばれ女王陛下の前で釈明を始めました。『実は大砲に火薬をつめ忘れておりました。その上導火線が湿り、さらに担当者は経験が浅く……』と述べる責任者を制して女王陛下はひと言。『もうよい。ほかが全て整っていたとしても、火薬がなければ何も起こらない』」

これはある礼拝で聞いた例話です。その牧師は最後にこう言いました。

「この火薬にあたるのが私たちにとっての聖霊です」

聖霊の働きがなければ、ほかの全てが整っていたとしても何も起こらない。もっと丁寧に言うなら、聖霊の働きがなければ、神の働きは何も起こらないのです。教会にたくさんの人を集めることは人の力でもできます。しかしそこに聖霊の働きがなければ、御言葉の迫りや回心は起こらず、イエス・キリストを信じる者は起こされないのです。

聖霊は力です。

ところでわたしたちはすでに多くの力を持っています。生来のものや、学びや訓練によって。

しかしここでいう「力」はそれらを指してはいません。原語はギリシャ語でデュナミス。ダイナマイトの語源となった爆発的な力。これは「受ける」ものなのです。それもキリストの「証人」となるために。

聖霊は信じる者の内に住んでくださり、キリストに似た者へと造り変えてくださいます。仕える者へと変えてくださいます。変えられた者がひとり、家庭や職場に、学校にいたらどうでしょう。証人とはあなたなのです。

山口　紀子

カリスマキリスト者

兄弟たち、霊的な賜物については、次のことはぜひ知っておいてほしい。……賜物にはいろいろありますが、それをお与えになるのは同じ霊です。務めにはいろいろありますが、それをお与えになるのは同じ主です。……皆一つの体となるために洗礼を受け、皆一つの霊をのませてもらったのです。

体は、一つの部分ではなく、多くの部分から成っています。

（Ⅰコリント12・1～14）

若い伝道者が結婚しました。私は祝辞を書き送り、それぞれのカリスマを生かしきって、よいカリスマ伝道者夫妻になりますように、と励ましました。すぐに返事がきました。

「カリスマ夫妻などとはとんでもない。私たちにカリスマなどはありません」。折り返し私は書きました。「とんでもない誤解をしないように。パウロを読み直しなさい。誰にもカリスマは与えられています！」。

読者の中にはこの伝道者と同じ考えの方がおられないでしょうか。自分にはカリスマなどは与えられていない、と。とんでもない誤解です。

カリスマというギリシア語は現代でもさまざまなところで用いられていますが、そのほとんどの用例は間違っています。

本来カリスマとは「恵みの賜物」という意味です。コリントの信徒への手紙一12章1節から14節では、霊の賜物を意味する言葉になっています。パウロは言います。「洗礼を受けたら、キリストのからだを造るために皆カリスマを与えられている。例外なしに。あなたにも、あなたにも」と。

キリストを信じ、聖霊を信じるということは、自分にも聖霊が与えられ、恵みの霊の賜物が与えられていることを信じるということです。カリスマ共同体という言葉があります。特別な共同体ではありません。世界に、そして日本に建てられている教会のことです。神の教会とも呼ばれます。

読者の皆さん。一度よく確かめてみてください、自分にはカリスマが与えられているということを。自信を失っている人には見つけてあげてください。その人固有のカリスマを。

聖霊に生きる共同体を生きましょう！

加藤　常昭

生きる喜びと希望

全世界に行って、すべての造られたものに
福音を宣べ伝えなさい。……信じる者には次のような
しるしが伴う。彼らはわたしの名によって
悪霊を追い出し、新しい言葉を語る。
（マルコ16・15〜17）

主イエスの、この言葉によって私たちは生きる喜び、生きる希望を与えられました。もし、主のこの言葉がなかったら、主イエスの十字架と復活のできごとによって示された神のみ心は、二十一世紀

に生きる私たちに届かなかったでしょう。この言葉がなかったら、生に使命があることを知らないまま生涯を終わってしまうことになったでしょう。

復活の主は言われました。「全世界に行きなさい」と。言語や文化、歴史や習慣を異にする人々の所に行きなさいというのです。まだ足を踏み入れたこともなく、見たこともない所に出かけて行き、そこで生活しなさいというのです。自分で理解できる範囲のわくを越えて出て行きなさいというのです。

それだけではありません。「すべての造られたものに」と主イエスは言われます。これはただ単に人類を指しているのではないでしょう。神によって創造された生き物すべてに、ということを示している言葉でしょう。空を見れば鳥が飛び、川を見れば魚が泳いでいます。漆黒の宇宙に浮かぶ青い星、地球は命で満ち満ちています。

そのような世界に行き、そのような生き物に「福音を宣べ伝えなさい」と主イエスは語られました。異国の風土や文化を楽しむ世界旅行者になりなさいというのではありません。主イエスの生涯、十字架と復活によって示された福音を布告するために、自分の所から飛び出して全世界に行き、すべての生き物に出会いなさいというのです。

今、命を抱く地球は病んでいます。人は自分の幸せを求めて争い、自然を壊し続けています。戦禍はもとより自然災害にも人間の罪の結果を見ます。核物質だけでなく、一人を運ぶためのエネルギーのあまりの大きさは取り返しのつかない所に来ています。ごく一部の人を除いて、地上の生き物は生きることの苦しみにあえいでいます。そのすべての生き物に「福音を宣べ伝えなさい」というのです。

福音は、福音を信じた人を変えます。神であることを固執せずに人となり、僕の姿になられた十字架の主イエスに出会って変えられない人はいません。十字架に殺されたもうた主イエスを甦らせられた神に出会って変えられない人はいません。キリストに出会い、主イエスの父なる神に出会うことによって、人は支配し利用する生から、へりくだって仕える生をも喜べる人に変えられるのです。

キリストの死と復活によって示された福音を信じる者は、一見絶望しかない現実のなかで、「狼は小羊と共に宿る日」が来る喜びを知り、「剣を打ち直して鋤(すき)とする日」が来る希望を知って生きる者に変えられるのです。それだけではありません。この喜びと希望を宣べ伝える使命に生きる者に変えられるのです。

長津　栄

聖霊の働き

わたしが父のもとから
あなたがたに遣わそうとしている弁護者、
すなわち、父のもとから出る真理の霊が来るとき、
その方がわたしについて証しをなさるはずである。
（ヨハネ15・26）

聖霊について考える場合、聖霊とは何かを論じるよりも、聖霊を信じるとはどういうことか、を明らかにすることが大切であろうと思います。

主イエスは、ご自分が地上を去ることによって、聖霊が遣わされると言われました。この聖霊のことを「弁護者」また「真理の霊」と呼んでおられます。そしてこの方の働きは、「主イエス・キリストについて証しをすること」である、と言われるのです。

ところで、「聖霊」と言われて、私たちはどのようなことを思い浮かべるでしょうか。何か、目には見えないけれども、強力に働きかける神の力でしょうか。私たちが窮地に立たされた時、そこからひょいと救出してくれる、不思議な力のようなものでしょうか。あるいは、私たちが誤った方向へ突き進む時、背後で私たちを正しい道へと導いてくれる力でしょうか。確かに、「聖霊」には、私たちに今ここで働きかけてくださる力、というイメージがあります。それも間違いではないでしょう。聖霊は、今私たちに対して、自由に働いていてくださるのですから。

けれども、私たちが「聖霊を信じる」と告白するのは、ただ単に、目に見えないところで、神の力が働いていることを信じる、というだけではないはずです。もっと明確な内容を持った事柄を信じると告白しているのです。聖霊の働きについて、主イエスは、「わたしについて証しをなさる」と言われました。そうです。私たちは、主イエス・キリストを証しする聖霊の働きを信じるのです。

そして、聖霊の証しは、おのずと私たち人間の証しと性格を異にします。聖霊は、父・子・聖霊なる唯一の神と告白される、神そのものに他ならないからです。神であられる方が、主イエス・キリストを証しする、と言うのです。聖霊なる神が来られて、主イエス・キリストを証しされるのです。この聖霊なる神の証しは、主イエス・キリストをこれ以上ない仕方で、最もリアルに示すものです。

主イエスはこの聖霊を、「弁護者」と呼ばれました。これは元来、助けを求められ「呼ばれて来る者」の意味です。「慰める者」、「励ます者」とも言われます。これは、救い主その方のお姿と言えます。聖霊において主キリストがそこにおられ、救いの恵みを明らかにしてくださるということでしょう。

　また、主は聖霊を「真理の霊」とも呼ばれました。この「真理の霊」の働きについては、第16章13節で「しかし、その方、すなわち、真理の霊が来ると、あなたがたを導いて真理をことごとく悟らせる」と言われます。この真理とは、つまるところ、神と人間の真の関係を指すと言うことができるでしょう。聖霊によって、世界が神の被造物であること、その神のご計画のみに救いのあることが明らかにされるのです。このように、聖霊によって、そこに主キリストと父なる神がご臨在されることを、私たちは信じることができるのです。

倉橋　康夫

執筆者紹介・初出情報

祈り

木下宣世（きした　のぶよ）
『信徒の友』2006年4月号、2007年3月号の「祈り」
掲載時、日本基督教団西千葉教会牧師。現在、同教団教師

丹治めぐみ（たんじ　めぐみ）
『信徒の友』2021年4月、5月号の「祈り」
掲載時及び現在、玉川大学文学部教授

春名康範（はるな　やすのり）
『信徒の友』2009年4月号の「祈り」
掲載時、大阪水上隣保館キリスト教社会福祉専門学校教務教師。
　現在、日本基督教団隠退教師

増田　琴（ますだ　こと）
『信徒の友』2022年6月号の「祈り」
掲載時及び現在、日本基督教団経堂緑岡教会牧師

柳谷　明（やなぎや　あきら）
『信徒の友』2015年4月号の「祈り」
掲載時、日本基督教団山形六日町教会牧師。2015年11月逝去

山崎英穂（やまざき　ひでお）
『信徒の友』2004年3月号の「祈り」
掲載時、日本基督教団塚口教会牧師。現在、同教団隠退教師

山本裕司（やまもと　ゆうじ）
『信徒の友』2004年5月号、2005年2月、3月号の「祈り」
掲載時、日本基督教団西片町教会牧師。現在、同教団隠退教師

渡辺正男（わたなべ　まさお）
『信徒の友』2013年3月、4月、5月号、2014年4月号の「祈り」
掲載時及び現在、日本基督教団隠退教師

メッセージ

大宮　溥（おおみや　ひろし）
『信徒の友』2013年5月号、2014年3月号の「みことばにきく」
掲載時、日本基督教団教師。現在、同教団隠退教師

加藤常昭（かとう　つねあき）
『信徒の友』2014年6月、11月号の「みことばにきく」
掲載時、日本基督教団隠退教師。2024年4月逝去

上林順一郎（かんばやし　じゅんいちろう）
『信徒の友』2020年4月号の「みことばにきく」
掲載時及び現在、日本基督教団隠退教師

倉橋康夫（くらはし　やすお）
『信徒の友』2004年5月号、2005年2月、3月号の「みことばにきく」
掲載時、日本基督教団富士見町教会牧師。現在、同教団木更津教会牧師

茂　洋（しげる　ひろし）
『信徒の友』2003年4月号、2004年3月号の「みことばにきく」
掲載時、日本基督教団仁川教会牧師。現在、同教団隠退教師

篠浦千史（しのうら　ちふみ）
『信徒の友』2006年4月号、2007年3月号の「みことばにきく」
掲載時及び現在、日本基督教団さや教会牧師

篠田　潔（しのだ　きよし）
『信徒の友』2013年3月号の「みことばにきく」
掲載時、日本基督教団隠退教師。2018年6月逝去

内藤留幸（ないとう　とめゆき）
『信徒の友』2015年4月号、2016年3月号の「みことばにきく」
掲載時、日本基督教団隠退教師。2017年6月逝去

長津　栄（ながつ　さかえ）
『信徒の友』2005年4月号、2006年3月号の「みことばにきく」
掲載時、日本基督教団高輪教会牧師。現在、同教団隠退教師

山口紀子（やまぐち　のりお）
『信徒の友』2022年6月号の「みことばにきく」
掲載時及び現在、日本基督教団更生教会牧師

カバー写真　おちあい　まちこ撮影
　　　　　　日本基督教団霊南坂教会ステンドグラス

装幀 / デザインコンビビア（飛鳥井羊右）

涙の夜 喜びの朝　受難・復活・聖霊降臨

2025年4月4日　初版発行

編者　日本キリスト教団出版局
発行　日本キリスト教団出版局
169-0051　東京都新宿区西早稲田2丁目3の18
電話・営業03（3204）0422、編集03（3204）0424
https://bp-uccj.jp

印刷・製本　開成印刷

ISBN 978-4-8184-1192-0　C0016　日キ販
Printed in Japan